ज्ञान गरिमा के
68 वर्ष

भारतीय
ज्ञानपीठ

णाणं
पयासयं

वीर निर्वाण
2470

ई.सन्
1944

भारतीय ज्ञानपीठ

डूबा-सा अनडूबा तारा

(एक काव्यात्मक आख्यान)

डूबा-सा अनडूबा तारा

कैलाश वाजपेयी

भारतीय ज्ञानपीठ

लोकोदय ग्रन्थमाला : ग्रन्थांक 1012

ग्रन्थमाला सम्पादक

रवीन्द्र कालिया

सह-सम्पादक

गुलाबचन्द्र जैन

ISBN 978-81-263-1857-5

प्रकाशक :

भारतीय ज्ञानपीठ

18, इन्स्टीट्यूशनल एरिया, लोदी रोड

नयी दिल्ली-110 003

मुद्रक : विकास कम्प्यूटर ऐंड प्रिंटर्स, दिल्ली-110 032

आवरण-छायाचित्र : कैलाश वाजपेयी

आवरण-सज्जा : ज्ञानपीठ कला प्रभाग

दूसरा संस्करण : 2011

मूल्य : 170 रुपये

DOOBA SA ANDOOBA TARA

(Poems)

by Kailash Vajpeyi

Published by

Bharatiya Jnanpith

18, Institutional Area, Lodi Road

New Delhi-110 003

e-mail : jnanpith@satyam.net.in, sales@jnanpith.net

website : www.jnanpith.net

Second Edition : 2011

Price : Rs. 170

जीवनसंगिनी रूपा

और

हमारी बिटिया

अनन्या

को

उपोद्घात

अश्वत्थामा बलिर्व्यासो हनुमांश्च विभीषणः।
कृपः परशुरामश्च सप्तैते चिरजीविनः।।
सप्तैतान् स्मरेन्नित्यं मार्कण्डेयमथाष्टमम्।
जीवेद्वर्षशतं सोऽपि सर्वव्याधि-विवर्जितः।।

उपर्युक्त आठ चिरजीवियों में मात्र अश्वत्थामा ही एक ऐसा पात्र है जो अहं विमूढ़ होने के कारण प्रलयान्त तक जीवित रहने के लिए अभिशप्त है। अश्वत्थामा संतप्त चिरंजीवी तो है मगर वह इस काव्य का नायक खलनायक जैसा कुछ नहीं। वह मात्र एक निरपेक्ष द्रष्टा है, घटनाओं को देखने वाला, विशेष रूप से वे घटनाएँ जिनका सम्बन्ध अश्वत्थ वृक्ष से है। इस देश में चार अश्वत्थ अभी भी ऐसे हैं जिनका सम्बन्ध हमारी जातीय स्मृति से है। इनमें से पहला प्रभास क्षेत्र, दूसरा बोध गया, तीसरा माहेश्वर और चौथा काशी में है। जहाँ तक इस संसार का प्रश्न है गीताकार ने संसार को ऐसा अश्वत्थ कहा है जिसकी जड़ें ऊपर आकाश में हैं।

भ्रूण-हत्याओं के आधिक्य से व्याकुल, मेरा मन जब ऐसे जघन्य कृत्य का उत्स खोजता हुआ पीछे की ओर मुड़ा तब मुझे वहाँ महाभारत के युद्ध में जहाँ एक ओर अभिमन्यु को घेरकर मारने वाले महारथी मिले वहीं द्रोणाचार्य को परास्त करने की युक्तिपूर्ण योजना के अन्तर्गत, युधिष्ठिर के मुख से कहलवाया गया यह वाक्य भी मिला 'अश्वत्थामा हतो...'। आठ चिरंजीवियों में से एक, अश्वत्थामा द्रोणाचार्य तथा गौतमी कृपी का इकलौता आत्मज

था। जन्म लेते ही उच्चैश्रवा अश्व के समान, इस नवजात ने ज़ोर से चिल्लाकर, तीनों लोकों को कम्पित कर दिया था। इसलिए इसका नाम अश्वत्थामा पड़ा (म.आ. 167. 29: द्रो. 167. 29. 30)।'अश्व इव हिनहिनति (शब्दयति) इति अश्वत्थामा', द्रोणाचार्य का पुत्र होने के कारण अश्वत्थामा को द्रोणायन भी कहते हैं। रुद्र के अंश से उत्पत्ति होने के कारण इसमें क्रोध और तेज था।

प्रारम्भ में अश्वत्थामा पाण्डवों को प्रिय था और पाण्डव भी उसे प्रिय थे किन्तु छलपूर्ण ढंग से मारे गये अपने पिता के वध से संतप्त होकर अश्वत्थामा ने न केवल द्रौपदी के सोए हुए पाँच पुत्रों—प्रतिविंध्य, श्रुतसोम, श्रुतकर्मा, शतानीक एवं श्रुतसेन को मार डाला वरन् उत्तरा के गर्भ में पल रहे भ्रूण को मार डालने का असफल प्रयत्न भी किया। परिणाम यह कि वह माथे की मणि से च्युत हुआ, एक अभिशप्त सा जीवन जीने के लिए विवश कर दिया गया। सही अर्थों में अश्वत्थामा को, उसके वध से वंचित कर, मुक्त छोड़ दिए जाने का आग्रह पांचाली ने किया था। ध्वन्यर्थ यह कि नारी का विक्षोभ और ममता दोनों आततायी के लिए मारक/साधक सिद्ध हो सकते हैं। यही नहीं, उसकी स्नेहिल छुअन के बिना, न तो बोध ही फलता है और न सही संन्यास।

अश्वत्थामा अशरीरी है, छायातन है। उसके प्रभास क्षेत्र में जो कुछ घटा, बुद्ध और सुजाता याकि शंकर और भारती के बीच जो हुआ, अश्वत्थामा इस सबको निस्संग भाव से देखने में सक्षम है। सुजाता ने जो कहा वह उसी ने सुना, देखा। भारती के प्रश्न भी क्या थे—छायातन होने के कारण उसी ने सुने। इसी तरह नीमा भी यदि कबीर की माँ के रूप में उनका लालन-पालन न करती—सिखावन न देती तो कबीर भी कबीर न हुए होते। वह कभी-कभी विक्षुब्ध भी हो जाती थी, जिसका ज़िक्र कबीर ने भी किया है।

गुरु ग्रन्थ साहिब में आये एक पद के अनुसार कबीर को, पीताम्बर पीर नाम के कोई सिद्ध पुरुष भी मिले थे। अश्वत्थामा न केवल इन चार अश्वत्थों के आस-पास भटकता है वरन् सभी के मनोविज्ञान को भी पढ़ता है। काशी के पण्डों, अघोरियों, नग्न साधुओं और 'काशी करवट' लिए

ार्जर बूढ़ों की आँखों में भी झाँकता है। उसकी भटकन की झलक हम पने युग में भी, संत्रस्त भटकते लोगों के मनस्ताप में पा सकते हैं।

इस धारावाही प्रबन्ध के सूत्र जोड़ने, उन्हें विन्यस्त करने और आधुनिक ुग तक आते-आते उनके टूट बिखर जाने की विसंगति के निर्वचन का ाध्यम है अश्वत्थामा। अश्वत्थामा एक संप्रत्यय भी हो सकता है या शायद क प्रतीक भी जिसमें एक दर्दभरी क्षमता है जो अभिशप्त होकर भी, हापुरुषों के उत्थान, उनकी उद्दीप्ति से ढके, उनके उस अनगढ़ पक्ष को ी अनावृत करता चलता है जो कहीं-कहीं अनदीखे छूट गये हैं। वर्तमान ुग तक आते-आते जिस तरह की खण्डित जीवन शैली ने, मनुष्य को दबोच लया है उसे वह एक महापराभव वाले युग का उपोद्घात भी मानता है और पनी ही पीड़ा की गूँज से विचलित भी होता है।

'अश्वत्थः सर्ववृक्षाणां' (गीता 10/26) से स्पष्ट है कि अश्वत्थ वृक्ष विनाशी है। उसकी तमाम अन्य विशेषताओं में सर्वाधिक महत्त्वपूर्ण है सका प्राणदा होना, निरन्तर प्राणवायु का संचरण करने वाला। अश्वत्थामा ी अमर है किन्तु उसका अमरत्व अभिशप्त अमरत्व है इसीलिए वह त्रधायक ऊर्जा खोजता है।

इस धारावाही आख्यान को पढ़ने वाले इसकी छांदसिकता एवं योगधर्मिता पर टिप्पणी भी करेंगे और शायद इसके प्रति सदय निर्दय भी ोंगे। मगर अपनी मुश्किल यह रही है कि इस आतंकग्रस्त, भयभीत, भ्रूण त्यारे एवं निरन्तर विश्रृंखल युग की ज़मीन तक पहुँचाने वाला जो पात्र वर्षों परछाईं की तरह मेरे पीछे पड़ा रहा, हो सकता है वह स्वयं मेरे भीतर ी अपध्वनि ही रही हो।

—कैलाश वाजपेयी

अनुक्रम

तीसरा पीपल

चौथा पीपल

सर्गविहीन सदी का रेला

डूबा-सा अनडूबा तारा

अश्वत्थामा

जिसने देखा सच के पीछे का अँधियारा

द्रोणपुत्र

मैं द्रोणपुत्र अश्वत्थामा हतज्ञानी
है अन्तहीन मेरी असमाप्त कहानी।
मैं हूँ कोरा कायर दुर्मिल हत्यारा
जिसने सोए पाण्डव-पुत्रों को मारा

मैं ग्लानिग्रस्त

क्षयकीर्ति अधम द्रोणायन
अपने तेजस से वंचित मैं छायातन
अभिशप्त नहीं मर पाने की पीड़ा से
संत्रस्त विवश
देखता बने रहने को
सदियों से सदियों का सदियों में विलयन
अधसोया जागा धुआँधार अँधियारा
मेरा अस्तित्व क्लान्त
अदिवारी कारा।
मैं कालचक्र के गले पड़ा फन्दा हूँ
मैं विडम्बना,
हतभाग्य, हेय, शर्मिन्दा
ज़िन्दा हूँ ज़िन्दा घाव लिये माथे पर
जो आज आज तक देखा वही कहूँगा
इतिहास रहे न रहे मैं हूँ था और रहूँगा।

असल में मैं दुगनी पीड़ा से ग्रस्त हूँ
विक्षुब्ध मैंने, गर्भ को
उत्तरा के
नष्ट करने का कायर प्रयत्न किया

यह कलंक, हर भ्रूण-हत्या के साथ
और चटख़ होता
सदियों तक जाएगा।

चार लक्षण थे पढ़े मैंने आचार्य के :
1. भूखा मर जाए फिर भी न करे याचना
पिताश्री! तुमने वह नहीं किया।
2. वर्जित थी दासता किसी सम्राट की
तुम राजगुरु
बन बैठे धृतराष्ट्र के
3. शिक्षा देते हुए पक्षपात नहीं करे
तुमने अँगूठा कटवा लिया छल से
एकलव्य का
4. अर्जुन ही यदि सबसे प्रिय शिष्य था
मुझे क्यों दिया फिर अचूक अस्त्र?
पिता, तुम निश्चय ही मोहग्रस्त थे।

पीड़ित तुम्हारी हर भूल से
प्रेत का जीवन जीना ही होगा
तुम्हारी सन्तान को।

संजय ने केवल एक महाभारत देखा
मैं देख चुका
अनदेखे देखे कई युद्ध
बाहर वालों की तो गिनती हो सकती है
पर उनकी गिनती कौन करे
जो चलते आये चले भीतरी दुनिया में
मैं गुप्त क्षेत्र में जीता प्रेतीला जीवन
हूँ अपलक देख रहा क्या बीहड़ जंगल है
जंगल में आग लगी
उड़ रही राख
गिर रहे नीड़
नीड़ों में रहने वाले
पक्षी आँधी से त्रस्त
उड़ रहे नहीं
फड़फड़ा रहे बस वहीं दहकती दहशत में!
नेवले, साँप, ख़रगोश, हिरन
साही, लूँबड़ औ गिरगिटान
सब भाग रहे!
धृतराष्ट्र, गान्धारी, कुन्ती
आने ही वाले हैं चपेट में लपटों की।

संजय आग्रह कर रहा : सँभलिए
राजन्! चलिए जल्दी हम निकल चलें
दावाग्नि दयार्द्र नहीं होती
वह भेद नहीं करती
दाता या पाता में
वह एकसार खा जाती है जड़ जंगम को।

धृतराष्ट्र

अनहुआ होता नहीं
और कुछ होने का वक़्त भी नहीं रहा।
संजय! तुम मुझको जल मरने के लिए
छोड़ दो।
संजय! बहुत कुछ ऐसा है
जो मुझे देर बाद कौंधा
मसलन
साज़िश थी यह युक्ति कृपाचार्य की
(द्रोण की नियुक्ति)

संजय! यों कौन है
ऐसा सम्राट अन्धा नहीं होता जो
मैं तो फिर भी जन्मान्ध था।
मुझको यह पता तक नहीं चला
अँगूठा क्योंकर कटवा लिया
गुरुद्रोण ने एकलव्य का।
मैं तो जन्मान्ध था
गान्धारी ने भी पट्टी बाँध ली आँखों पर
संजय! राजा हो रंक
बच्चों के बारे में

सारे अभिभावक अन्धे ही होते हैं
दुनिया कहेगी
मैं भी आ गया आ ही गया
मोह की गिरफ़्त में
सच मानो संजय, मैं वैसा नहीं था।
संजय! मैं भीतर से रोया भी करता था।

जिस दिन नादानी में
पानी में फेंक दिया विष देकर
सुयोधन ने भीम को,
मैंने धिक्कारा था अपनी सन्तान को।

आदत बन जाना पाप का स्वभाव है।

संजय! मैं भी अभ्यस्त हो गया
कुढ़न का कषाय का!

अक्सर विदुर मुझे समझाता :
राजा का जैसा भी आचरण होता
प्रजा भी वैसा करने लग जाती
'वंश नष्ट होने से बचाओ
धृतराष्ट्र
मोह के मलबे से बाहर आओ।'

बैठा सिंहासन पर
क्यों भला सुनता मैं बात
दासी के पुत्र की।

संजय! विदुर की
एक-एक बात मुझे याद है।

नींद क्यों उड़ गई है मेरी
क्या मैं करूँ कि मुझे चैन आये
हल्की सी झपकी ही सही
आये तो?
क्या मैं करूँ विदुर कुछ तो करो
पूर्व इसके कि छाती फट जाये।

विदुर

बेशुमार हैं वजहें
नींद न आने की!
मैं दासी-पुत्र
        जन्मा दलित कोख से
क्या क्या कारण
        गिनवाऊँ अनिद्रा के!

तुम अपने आपको राजा कहते हो
सत्ताधारी से
अधिक अनाचारी
धूर्त, बहुरूपिया और कौन होता है!

तुम उम्र भर ख़ून चूसते रहे
ग़रीब, लाचारों का
मरे हुए भाई का हक़ मार लेने पर
                आमादा
तुमने क्या क्या नहीं किया
अन्धे राजा!
तुम्हारी आँखों के पीछे
ख़ूँख्वार अन्धकार है।

नींद? दरअसल नींद
मरना आने के पहले का अभ्यास है।
रोज़ रोज़ पढ़ती है दुनिया
यही एक पाठ
तो भी नहीं जान पाती
रहस्य
इस ककहरे का।

तुम तृष्णा के जाल में
फँसे मच्छर
तुम्हें नींद क्यों आये कैसे!

असल में नींद मृत्यु की सहेली है
वंश के वृक्ष पर छैली बेल
नींद का निरुक्त बड़ा बेढब है।

पेट में दहकती हो आग भूख की
चोरी की हो
हड़प ली किसी की सम्पदा
तब कैसे नींद आये
नींद के ग़ुलाम सिर्फ़ साधारण
जन ही नहीं
पशु, पेड़, चिड़ियाँ, सभी जीवधारी
नींद के ग़ुलाम हैं।
कभी-कभी पृथ्वी तक नींद को तरसती है
नींद तो लिहाफ़ है दिनभर
मजूरी करने वालों के
नंगे जिस्म पर
फैला आकाश!

छिपकर किये ग़लत कामों की
दुश्मन है नींद
नींद मंथरापा है
मर्यादा को वन भगाने का
अचूक नुस्ख़ा—
नींद की कहानी में
बड़े मोड़ हैं।
कामी, हत्यारों, धन-पशुओं से
नींद की अदावत है!
प्रेम की लौ
नींद का बुझा चिराग़ है
ऐसे भी जीव हैं दुनिया में
थोक में पड़े रहते हिमनिद्रा में
सबसे बड़ा है वह आदमी
जो जागता सारी रात
कि अन्य सो सकें।

अश्वत्थामा–1

चला गया संजय
अब मैं अवसन्न विकल ध्रुव संताप से
देख रहा खेल राख आग का!

अवाक् हूँ,
आग में
        दीख पड़ी छवि
अयोनिसम्भवा
माँ याज्ञसेनी की चीख़ सुन पड़ी

पता नहीं पाँच पुत्रों की हत्या के बावजूद
क्यों कृष्णवर्णा की ममता ने
छोड़ दिया निस्तीर्ण

बस रिसता घाव लिये
        जिये चले जाने
        राख सी ज़िन्दगी बिताने
                मुझ कृतघ्न को!

× × ×

अन्धा राजा जल गया
जली गान्धारी।
अब भी यादों के टूटे धागे बुनती
जलने से पहले सुलग रही
माँ कुन्ती।

अश्वत्थामा-2

मेरी भी क्या क़िस्मत है
लपटें देखीं
जंगल में जलते शव देखे
अब ठीक दूसरी तरफ़
दूर सागर के ठीक किनारे
लड़ रहे पियक्कड़
मार रहे
सरपत उखाड़ कर
वंशधरों—
अपने ही रिश्तेदारों को
डूबे मद में यदुवंशी
कर रहे ख़ून
अपनों का बेहोशी में।

पहला पीपल

अश्वत्थामा-3

अन्तराल बाद
अजब दृश्य दीख पड़ा
दूर वहाँ पर प्रभास क्षेत्र में
बूढ़े पीपल के नीचे
        उदासमना केशव की
        काया पड़ी है
डूब रहे सूर्य की
अन्तिम किरण खेल रही
साँवले मस्तक पर

पीपल के पत्ते खड़ खड़ कर रहे
जैसे बता रहे हों

जागो जनार्दन!

        दूर से एक तीर आकर
                जरा व्याध का
            तलुवे में घुसता है
आह नहीं
फूटती

बूँद बूँद ख़ून
जैसे सिन्दूर पृथ्वी के भाल पर
पास आ बिफर पड़ता है व्याध
यह मैंने क्या किया?
बिलबिलाकर
भूख से

जैसे कोई आकाश चरने लग जाए
या हवनकुण्ड में
पीपा उलट दे कोलतार का
यह महापाप?...
मगर चारा भी क्या है भूख का?

केशव ने कहा : 1

सुन जरा व्याध!
केशव ने कहना शुरू किया

'भू' और 'ख' कोरे अक्षर नहीं
भूमण्डल से लेकर
खगोल तक
सब तरफ़ भूख का पसारा है
बेकार है पश्चाताप
सब कुछ यहाँ सब कुछ का आहार।

यह देख आ रही चीटियाँ
गिरा गर्म ख़ून पीने
ये चीटियाँ नहीं
भाग रही भूख है

क्या जाने चीटियाँ
यह ख़ून
कारा में जन्मे बच्चे का है
या वंचितों के पक्ष में
कृतप्रणाश, सारथि

अजातशत्रु मित्र या
संन्यासी सम्राट का
जो सैकड़ों विरोधों का संगम था।

केशव ने कहा : 2

सीधी बड़ी साफ़ है परिभाषा पाप की
कहा केशव ने
नीति समझ में आ जाए नैतिकता
जैसे सिक्का
दूसरा पासा उस सिक्के का
ऐसा कुछ होता है पाप

यह जो इतनी तरह से फल फूल रहा जीवन

ऋतचक्र के प्रताप से
        जीव भी अजीव भी
सब प्रेरे हैं अपने स्वभाव के

सिंह खाए जा रहा हिरन
        घास से जिसका रिश्ता पुराना

                सर्प के पैर सिर्फ़ नागिन को दीखते
अपने ही अंडे खा जाना
जिसका स्वभाव

बिना वल्लरी के केसर में आते फूल
पूरी तरह ख़ाली
कहाँ कोई सूनसान—
भाग रही दुनिया
मनोरथ की मारी
झर रहा झरना रात दिन मनोरथ का
नदी के तो होते फिर भी किनारे
मनोरथ का निर्झर
तट विहीन है।

केशव ने कहा : 3

समय का समुद्र दीखता नहीं

भूगोल से लेकर खगोल तक
        यह ख़ालीपन जो हमें घेरे है

क्या कहा जाए
उसे आसपास या फिर आकाश
उसका बखान
बात नहीं भाषा के बस की
                समझ की सतह पर
इतना भर दीखता

उग रहीं कोंपलें
झर रहे पत्ते पीले पके
यह फटा बीज, धरा धसकी
यह चली साँस, बसी बस्ती

फिर पानी पानी सब

मैं नहीं जानता क्या जान लेने से हो जाता

बेमानी अनजानापन

समय न कहीं आता न जाता
बारी-बारी से
    हर होना
होकर विलीन हो जाता
    समय की महाकोख में!

केशव ने कहा : 4

बड़ी गहन गाथा है हत्या की

कौतुकी पटकथा
        जो शायद ज़्यादा भयावह है हत्या से
        केशव ने दोहराया।
हत्या हो जाने का पूर्वाभास
मुझे हुआ था माँ के गर्भ में
        पता नहीं क्यों मैं बच गया।

लोग सोचते हैं भ्रूण बेजाने को
                        क्या पता?
वह छटपटाता है जब
नोचकर
जड़ से उखाड़ फेंक दिया जाता

चाहकर न चाहकर
हर कोई हत्या ही करता
उन त्रसरेणुओं की जो निगोद हैं।

शिशु चूसता है स्तन जो

सफ़ेद द्रव्य माँ के शरीर का
वह चूसन
महीन हत्या भी है
उपकार भी
न पिए पय तो छाती फट जाए माँ की!

देह की पनपन के पीछे
पता नहीं फैला कितनी दूर तक
कैसी किन-किन आहुतियों का जाल
हर तरह की सत्ता का महल
हत्या की नींव पर खड़ा

सिर्फ़ अनत्ता ही निरंजन है!

और फिर मैंने भी
कम नहीं किये उत्पाती उपकार

कभी किसी नाग को नाथ लिया
या फिर विरोध इन्द्र पूजा का
वृन्दा के गुण लोग आगे कभी जानेंगे
क्यों
उकसाया झूठ के लिए सत्यवादी को
(पार्थ के बहाने ही सही)
हत्या तो हत्या है
तटस्थ तर्कशीलों के लिए।

रहा प्रेम
उसका संघात तो और जानलेवा है

हम प्रेम करते हैं तिलतिल कर

हत्या भी करते हैं उसकी
और आत्महत्या भी।

मुझे हुआ था जिससे और जिसने
        मुझे
दे डाला अपना सर्वस्व
क्या हुआ उसका?

रो रो कर अन्धी
वह आँधी प्रेम की

पीछा करती रही मेरा
और मैं आजीवन
        धूनी रमाये
अनासक्त कर्म की
सिर्फ़ भागता रहा
दोहराता :
जब पता ही न चले
कहाँ जाना था
सिर्फ़ वही यात्रा होती है यात्रा

जब याद ही न रहे
किसे भूल जाना था
वही सिर्फ़ सही याददाश्त

लगे कि घटेगी और न घटे
सबसे बड़ी घटना
        वही अघटना है

जिन फूलों को अभी खिलना है
उन्हीं की प्रतीक्षा सही प्रतीक्षा

भविष्य की नियति होकर समसामयिक
बीत बीत जाना है
मैं भी अब बीता कि अभी बीता कि बीत गया।

व्याध

जब भी कभी याद नहीं कब
होश जब सँभाला
एक ही आग धधक रही थी
मुँह फाड़कर
एक ही सवाल
भीतर से आती
एक ही दहाड़
ईंधन और ईंधन जुटाओ
भीतर के हवनकुण्ड में
आहुति अनिवार्य
धधकन और धौंकनी
के तालमेल का
खेल महानिर्मम है

अगर मैं हूँ अभी तो
पता नहीं
कहाँ-कहाँ मैंने
वध किया किस जीवधारी का

कभी किसी हिरन को मारा

लिपटी पड़ी थी जो
जन्म देने की पीड़ा से,
बाहर भी आ न पाया था योनि से
कि मार दिया मैंने शावक को

कभी अण्डे झपट लिये मोर के
या छलाँग मारते खरगोश
या किसी भी चलायमान
प्राणी का वध
खेल है मेरे बाएँ हाथ का

असल में जंगल मेरे लिए
ज्योनार है।
खुला आमन्त्रण
वधशाला में, छिपकर
निशाना लगाने का

मेरा होना शुरूआत है
किसी और के
न हो जाने की
जिस तरह हर आलाप में
छिपी रहती
शर्त :
अन्ततः
चुप हो जाने की!

केशव का प्रतिवाद

नहीं जरा! जंगल जंगल
भटकता तू अकेला नहीं

तुझ पर लदा है पूरा परिवार

सबके भीतर दहकती भट्ठी भूख की
तुझको दौड़ा रही,

यहाँ हर कोई वध करने में लीन
साथ–साथ
हर किसी का वध हो रहा!

सुबह से रात तक आखेट
                सब एक साथ
मार रहे, अपनों का
पेट भरने का तर्क तो
                बहाना है।

असल में सब निवेश कर रहे!

पाल लो आज पूत पलकर
कल पालेगा बुढ़ापे में (निवेश)
मोक्ष की हो या मृत्यु की
हर प्रतीक्षा दुःस्वप्न है।
...आँख का
होना न होना बेमानी हो—क्या ऐसा कोई दृश्य तुझे दीखा?
क्या ऐसी कोई धुन सुन पाया तू
जो ख़ून की सनसन से ज़्यादा निस्वन हो?

अश्वत्थामा-4

मरने से पहले की केशव की बानी
कर गई व्याध को थरथर पानी-पानी

आ रहा याद मुझको विषाद अर्जुन का
जो तीर चलाने से पहले था पिघला
अब देख रहा दूसरा विषाद जरा का
जो तीर मार देने के दुख से विगला!

कह रहा व्याध हत्यारा हूँ
कुछ करो केशव, कि कल आए
जल जाए यह मेरी काया

यम आए, मुझे निगल जाए,

पहले इसके कि अँधेरे में
सन्नाटे का कोहराम मचे

उल्लू बोलें रोएँ चिड़ियों के बच्चे
भीतर की धधकन से मेरी
यह सागर सिर्फ़
नमक की चादर रह जाए।

कृष्ण का क्षमादान

तुम इसे मेरा अन्तिम सुझाव
मानकर याद रखना
क्षमा बड़ी विरल घटना है

मैं स्वयं असहनशीलों का मारा हूँ
फिर भी दोहराता हूँ :

न कोई माँ असहनशील होती

न सूर्य कभी धूर्त/साधु में भेद करता

विवशता है सूर्य की विशेषता
बादल ने कब कहा मैं
सिर्फ़ दीनों पर बरसूँगा

क्षमा का कोई सम्प्रदाय नहीं
क्षमा वैयक्तिक उपचार है
जाति, सम्प्रदाय, सब घोर विरोधी हैं क्षमादान के

एक अनुकम्पा की छाया में खिला फूल है

दूसरा—उदारता बालि की
असल में क्षमा ध्रुवतारा है

बनी मिटी सैकड़ों आकाशगंगाएँ
जले टकराए अनगिन धूमकेतु
फिर भी क्षमा का स्वभाव नहीं बदला
उसी क्षमा से स्पंदित मैं क्षमा कर
क्षमा माँगता हूँ पहले कभी छिपकर
मैंने तुम्हें मारा, अब देता हूँ वर
जाओ मौज करो
आनन्द लोक में।

दारुक

वह सारथि केशव का
खोज रहा था प्रभु को।

घिर आया था अँधियारा
कँपने वाले शब्दों से जंगल गूँजा :
"ऐसा कैसे किया कि
जिसने मारा
दे दिया उसे ही अभयदान?

क्योंकर ऐसा कर डाला ओ योगेश्वर!
हत्यारे को
आश्वासन दे दिया
स्वर्ग का भागी हो जाने का?"

अन्त के पहले—केशव

अव्यक्त होने से पूर्व

व्यक्त रहकर वर्ष दर वर्ष
मैंने प्रयत्न किया युद्ध न हों
बना रहे सौमनस्य

शर्त है जो ज्ञानी कहलाने की।

अनुभव गवाह है
ज्ञान के भ्रमवाले
कभी उपलब्ध नहीं हो पाते
ज्ञान को।
सभी यहाँ एक
अज्ञान जीते
नष्ट हो जाते अज्ञान में
ठसक से ठसे पड़े लोग
उन्हें आती है युक्ति
रटे हुए तोतों की तरह
प्रमाण लाते
कहते—

हमें स्वर्ग मोक्ष का पूरा ज्ञान है।

मुझे याद है आ रहे उद्धव
कस्तूरिया मृग की तरह
विवरण देते रहे व्रजांगनाओं को
ग्रन्थों को बिना समझे।

हर ग्रन्थ ग्रन्थि है,
शब्द मुर्दा
अनुभव की आग से न गुज़रे यदि हों
वे पगे न हों
राग में।

क्षण लीला संवरण का

जगत की जीवन्त हलचल में

न पहले के पहले कोई था
और न कल भी निष्कल होना है!

जिसकी वजह से यह सब कुछ है
जिसके लिए यह सब कुछ

जिसमें यह सब कुछ समाया
समस्त बनकर

उस 'परा' को कौन समझ पाया

असल में अपने संकल्प से
था मैं अवतरा
देह की गिरफ़्त में रहा
हर कर्म को
खिलवाड़ मानकर सकेलता
निर्विकार भाव से
खेलता खेल जीतने का
हारने हराने का।

युग बीतने की बेला में
यों भी विरम रही थी उत्तेजना

बाण तो बहाना था
कृतज्ञ हूँ जरा व्याध का
चुक तारा हो गया
बीते किसी युग के उधार का।

गिलहरी

'यह किस उधार का समाहार था?'
सोने से पहले पूछा गिलहरी ने
अश्वत्थ से!

'बालि पर छिपकर मारे गये बाण का'
बोला अश्वत्थ :
अपनी कक्षा में बाध्य बनी रहने को
पृथ्वी के लिए न कोई पूर्व है न पश्चिम
उसी तरह सब कुछ अनन्तिम
अनादि के पारावार में
        घटनाएँ जो भी दीख पड़तीं
उनका भी एक जटिल जाल है
देख नहीं पाते हम जो भी
हैं हम स्वयं।
अपने ही पके और सूखे पत्ते को
देखकर
हैरत होती मुझे
कितना महीन जाल, टहनी से
जुड़ा हुआ
फिर टहनियाँ डाल से

फिर डालें ही डालें
डाले बोझ
तने पर जो
जुड़ा हुआ जड़ से और जड़
पाताल से गई
प्रलय काल तक!

यह जो रेत पड़ी
तट पर एक-एक कण इस
रेत का कभी पत्थर था
इसे रेत बनने में कितना समय लगा
किसी बही खाते में हिसाब नहीं।

दूसरा पीपल

अश्वत्थामा-5

उरुवेला के इस जंगल में

पीपल के तरु के नीचे
बैठे हैं सिद्धार्थ अडोल
शान्त अपनी आँखें मीचे

कुरुक्षेत्र का युद्ध साफ़ था
काला था जो वह काला
उजला था जो उजला ही था
नहीं कहीं कुछ मटियाला

जैसे ही युग बीता, ताज़े
अध:पतन के दिन आये
प्रथा चली यज्ञ-पशु बलि की
हत्यारे ऋषि कहलाए

शुरू हुआ इस तरह दूसरा
समर भीतरी खाई से
कैसे मुक्ति मिले जन-जन को
कर्मकाण्ड की काई से।

वैशाख

पाँच पँखुरियों वाले फूल अमलतास के
गिरे पड़े धरती पर
जैसे झीनी बीनी चादर सुनहरी
फटी बीच बीच में।
गुलमुहर की शाखें
अंगारों की फुहार फेंकतीं
झरबेरी से गिरे बेर छेदतीं
चीटियों की पूरी फ़ौज बिना शोर किये
नीम के तने से बहती धार
कड़ुवी सुगन्ध का सन्देश भेजती,
एक पर दूसरा गिरगिटान
काम की कमान, आहत किये दोनों को।

नर-कोकिल बुला रहा कहाँ तुम हो प्रियतमा
वर्षा से पहले गुबरैले
ढकेलकर ले जाते पुरीष
सतभैये ढप बजाकर
बता रहे बेसुरा गाना किस हद तक
प्राणलेवा हो सकता है
तोते यदि समझदार होते, खा-खाकर आधे फल

इतना कोहराम न मचाते
        क्या कुछ न हो रहा
                धूल के बगूले नाच रहे थे
                ताली बजा रहे पत्ते
घने पीपल के नीचे
सिर्फ़ एक कंकाल बैठा निष्कम्प
        ना...!
सूखा सौन्दर्य, शाक्य वंश का।

सुजाता

तो तुम सिद्धार्थ हो!

सब कुछ को ठोकर मारकर
भटक रहे वर्षों से
मर तो सभी जाते एक दिन
तुम मारकर अपने आपको, मर रहे!
देह को सुखाना सबसे बड़ी हिंसा है

सच-सच बताओ सिद्धार्थ!
तुम ठठरी देखकर भागे
या दग़ा देकर बूढ़े बाप को
जो लड़ता रहा साल दर साल
एक-एक बूँद पानी के लिए
लिच्छवियों से
तुमने लड़ना हेय माना, पानी के लिए

और यहाँ निरंजना नदी का जल पीकर
कर रहे विप्पसना
आती जाती हुई साँसों को देखना
साँस नहीं लेना नहीं है।

सब कुछ को देख लेती है आँख
बस छोड़कर अपने आपको

तुम विरुद्ध हो द्वन्द्व के युद्ध के
निर्द्वन्द्व तो सिर्फ़ मुर्दा हो सकता है।

× × ×

तुम महल में पैदा हुए
तुमने ग़रीबी जानी ही नहीं

तुमने किसी बच्चे को रोते देखा—
माँ जिसकी ज्वर में जल रही हो
और स्तन निदूधे हों?
क्या किसी अपाहिज को देखा
जो सूखी रोटी खाता हो
गीली कर पानी में?
क्या तुमने किसी
लाचार बाप को
गड्ढे में देखा जिन्दा पूरते
अपनी नन्हीं गुड़िया सन्तान को?
ठीक है तुमने बचपन में
छीन लिया था देवदत्त से
तीरबिंधे हंस को
लेकिन जिस घायल हंसिनी
को छोड़ आये तुम
उस अक्षम्य हिंसा से
क्योंकर बच पाओगे
कम-से-कम मुझ जैसी
माँ की निगाह से!

सिद्धार्थ

ठीक कहा तुमने सुजाता!

ग़रीबी नहीं देखी मैंने मगर देखी है।
मानसरोवर मैं नहीं गया
मगर राजहंस देखे हैं
सीपी भी नहीं देखी कभी
बस मोतियों की माला याद है।
लड़ाई से डरता था मैं
मुझे बचपन से
चीख़ें सुन पड़ती थीं
विधवाओं की।
रही ग़रीबी तो उसके तो
सैकड़ों रंग हैं
रोटी और छप्पर के बाद
रुक नहीं जाता वहीं आदमी
उसे फिर पक्का घर चाहिए
कसक उसे होती
मुखिया बन जाए पंचायत का।
लोग उसे जानें झुकें उसके सामने

बढ़े घर में लक्ष्मी
सम्मान हो राजदरबार में

कैसे-कैसे लोग आ जाया करते थे
मेरे महल के सामने
रोगी, मार खाए, कमर झुके, घायल
सताए वर्ण, जाति, वंशवाद के
मैं सब कुछ देख चुका था तीस साल में
जान चुका था
सिर्फ़ मूढ़ ही खुश रह सकते हैं।

अतीत में लौटकर सिद्धार्थ

कुछ नहीं होता अकस्मात् यहाँ

उस रात कितनी जगर-मगर थी रंगशाला में
दौर चल रहा था
तरल-गरल पीकर दौड़ रहे थे पाँच घोड़े
हर घोड़े पर सवार पुष्पधन्वा
        याद नहीं कितनी थीं
कमनीय
बढ़कर एक से एक, हर नृत्यबाला
जैसे उजाले की पीठ थपथपाता
और अधिक गोरा उजाला
        आसव की आँच से उफन रहे थे वक्ष
नाभिकेन्द्र में भँवर गहराकर
        चीख़ रहे थे विरल प्यास से।

पता नहीं कब आँख लग गई
प्रत्यूष वेला में
        साँसों की घरघर सुन पड़ी
अजब दृश्य था
चूर-चूर होकर हर थकी सुन्दरी

गिरी पड़ी थी रंगशाला में
झाँक रहा था कहीं अकेला उरोज फटी अँगिया से
टूटा नीविबन्ध, छिपा नहीं पा रहा था
नीचे की काली रोमावली
आँखों का काजल गालों पर ग्रहण सा
होठों का बाँध तोड़कर
लार बह रही थी, झार पसीने, काँख, जाँघों से
यहाँ वहाँ वमन और उड़ गया मन
मेरा हवा में कपूर सा
वितृष्णा से मैं भर गया।

X X X

शाम ढल चली थी
लौटी हुई चिड़ियों के बीच
बहस चल रही थी
कौन कहाँ कैसे बैठे
कि रात को, नाख़ूनी पंजे
नोच ही न ले जाएँ
दूर अपनों से
इस बीच बूँद गिरी ऊपर से
जाँघों के बीच सिद्धार्थ के
बिना कुछ बोले
आँचल से पोंछ बोली सुजाता—

चलती हूँ सिद्धार्थ
कल मैं फिर आऊँगी
कल पूर्णिमा है
मैंने संकल्प किया था
अभ्यर्थना में

अश्वत्थ की
खीर लाऊँगी।

तुमको नहीं पता
तुम्हारे सूखे सौन्दर्य से
फूटकर बह रही नोकीली धार
माथा जैसे मद चूता चट्टान से
छोड़ तुम आये हो पीछे अंगना
फिर भी अनंग की मृत्यु कहाँ होती है
तुम स्वभाव से, लड़ रहे हो अभाव से
घने केश उड़ नहीं पा रहे, चीवर तार-तार
कैसे तुम लगते हो, नहीं समझ पा रहा कान्तार भी।

अश्वत्थामा–6

उसी तरह बह रही
निरंजना नदी शाम ढलने को है
उसी तरह तट की रेती पर
नयी चिता जलने को है।

मन में घुमड़न थी अजीब
कल से गौतम ध्याता के
आई भी तो....
होंगे कितने
तीखे बोल सुजाता के।

पूर्णिमा

अकस्मात कुछ नहीं होता
अकस्मात आ नहीं जाती पूर्णिमा
अकस्मात खिलते नहीं फूल बेले के
अकस्मात बीत नहीं जाती वय
अकस्मात राम नहीं मिलते
आते आते आता है पतझर
एक दिन सब यहाँ से असफल जाते हैं।

प्रतीक्षा में थे सिद्धार्थ
फिर भी न थे शायद
सर सर सरक रही थी हवा पीपल से
एक पत्ता झर कर, चाह रहा था
दोबारा मिल जाए झरने को
जड़ से कोंपल तक की राह दुहरने को।
रोम रोम में
सोयी थी भूख
झन्नाकर उठ बैठी थी
आँखें धुआँ धुआँ
साँय साँय कानों में
मृदंग नहीं बाँसुरी या शायद

इकतारा फ़क़ीर का
बजने को होता था
तार
टूट टूट जाता था
धागा ध्यान का
आये न आये
या दिखे ही नहीं
ओझल हो जाए
अधवारे में
भोर की तरइया होती सम्भावना।
कैसे कितने
विचित्र सपने बहुरूपिया
पैदा हो जाते
जैसे विराग भी
संचारी—षट्राग का
तभी जब चन्द्रमा
आलाप ले रहा था
ऊपर आकाश में
उरुवेला का जंगल
गूँज उठा कोयल की कूक से।

आ गई सुजाता
स्नान किया
गौतम सिद्धार्थ ने
क़फ़न पहनकर
आ बैठे
पीपल की छाँह में
विलीन हो गईं
पाँच इन्द्रियाँ

शहद स्नात थी जो
ऊपर तक भरी पात्र में
उसकी सुगन्ध
तन-मन से भूखे सिद्धार्थ के
रोम-रोम में समा गई
भरमा गई
चेतना समा गई अपनी ही
अतलान्ता गहराई में
विस्फोट जैसा सा हुआ मन के
आकाश पर घन
घनघनाये प्रलयकाल के
दमकी सौदामिनी
ख़ाली कर
अपने को
पुष्करावर्त हुए लीन।

कोख से निरभ्र की
उगा एक
नीला नक्षत्र
माथे के भीतर के
शान्त सरोवर पर
स्थिर तैरता

सिद्धार्थ बुद्ध हो चुके थे।

शास्ता, सारनाथ में

मैं तुमसे बात नहीं कर रहा
उस नदी की
जो जकड़ी दो बेड़ियों से
            बँधी बहती है

मैं तुमसे
      घर से लेकर
      आदि आदि तक
भरे भरे पानी की
            बात कर रहा हूँ।

उस ओझल उत्पात की
      बात कर रहा
सारा का सारा
जगती तल
      डूबा है जिसकी गहराई में

चूस रही जोंक की तरह
      भीतर से भीतर के भीतर तुम्हें

‘हाय कुछ करके दिखाना है।’

तुम बेख़बर उसकी करतूत से
हल चलाते
बिस्तर से लेकर
खँडहर तक
दिन में भी रात में
कहीं भी तुम्हें
पलपल पदाती है
जो
मैं उसे
तृष्णा नाम देता हूँ!

किसी योनि से नहीं जन्मी
तृष्णा
फिर भी अरबों अरब
योनि वाली है
इसी के छिद्र से चूकर
चिता तक
तुम नंगनाच किये
जाते हो!

तृष्णा के कारण विरोध होता
लोग लड़ते
गीली दुर्गन्ध फेंकते
छेद के नहीं मिलने के
खेद से
कुएँ में कूद जाते
पहाड़ से

तमाम लूट हत्या आतंक
छल-फरेब
निखद्‌द बेहोशी के पीछे
सिर्फ तृष्णा की बहकावट

तृष्णा के कारण
होते युद्ध
धड़ अलग होते
शीश से
ध्वज होते तार-तार
ऐंठे सामन्त
हरम के अँधेरे में बेहाल
रति विपरीत
पता नहीं और क्या क्या करते हैं!

देशना–1

किसी और को दुःख देकर
गिरती है देह
धरती पर

पीढ़ी दर पीढ़ी
यह लोक अभ्यस्त हो चुका
पीड़ा की खुली निविदा का।

मार सब तरफ़ मार
मार रहा तीर
घायल पड़े सभी जीवधारी

काम
दुनिया की असाध्य बीमारी
काम कुछ ऐसा धन्धा है
जिसमें घाटा ही कोरी कमाई

न कहीं कोई हत्यारा
न कहीं कोई कारा
सब अपने आप बेड़ी डाले हुए
बर्राते
स्खलन कितना सुखदाई

हुई नहीं भोर कि संसार प्रकट होता
बड़े गुणसूत्र लिखे मिलते
विहान के
लेकिन क्या लेना भोर की किरन का
उत्साह से
उत्सव उल्लास से
सुबह का सूर्य उदासीन है
उदासीन
कंगाली या किसी की खुशहाली से

यदि किसी घर में
आग लगी हो
आधी रात बाद, या
किसी के
बूढ़े बाप ने
ली हो अन्तिम साँस
ब्रह्मवेला में
या किसी माँ ने
जन्म दिया हो मृत सन्तान को
या कोई चोर
किसी धनपशु की तिजोरी
की चाबी मिलाने से
पहले ही
हो धरा गया
तब क्वाँरी किरन
प्रत्यूषवेला की
हत्यारी लगने लग जाएगी
चोर को।

अवलोकितेश्वर मैं
मैंने हर दुःख को तार तार
परखा है
कपास को चादर बनाने की
धुन में
लगातार चलता
दुःख एक चर्खा है
हाथ घूमा नहीं
कि
धागा उपद्रव का
बुनने लग जाता
बेहोशी की चादर ढकी
पीढ़ियाँ गिरती हैं, पाप पंक में

अपने किये पर शोक करता
कोई
पिये चला जाता
प्यालों पर प्याले
पारा चढ़ता
चीरता चलता चला जाता
कोई आरा।

एक ही उपाय है
दुःख पगे
इस विषाद योग
से उबरने का—
असम्पृक्ति बोध।

करुण गीता

व्यथा सभी की गले लगा ले
शोक मना ले पल दो पल
नहीं पता
कब बहे ढहे रे तेरा जर्जर रेतमहल

बड़ी दूर तक ओ संन्यासी
सुलग रही है विभावना
अजल जलद बन
बिफर रहा है
थकी धरा का उलाहना
निकल रहीं क्यों अशक्त आहें
दलित वर्ग की यहाँ वहाँ
त्राहि त्राहि कर रहे ठगे जन
दीया कहाँ रोशनी कहाँ
कुछ ऐसा कर गली-गली में
खिलें सुमन छवि बदल बदल
नहीं पता कब बहे ढहे रे
तेरा जर्जर रेतमहल।

कहीं धुआँ है कहीं उदासी
कहीं अनमना लगाव है

प्यास का कहीं अबाधित बहाव है
ज़हर भरी अजगरी हवाएँ
निगल न जाएँ भविष्य को
सचेत कर दे किसी तरह
इस विडम्बना से
मनुष्य को

कि बाद तेरे कभी न रोये
हिया किसी का सरल सजल
नहीं पता कब बहे ढहे रे
तेरा जर्जर रेतमहल।

न सत्य लहरें, न सत्य भँवरें
न सत्य ये तट धुले खुले
न सत्य नदिया, न सत्य नैथा
न सत्य धारा
न बुलबुले
सभी झूठ हैं उसे कि जिसको
न पार का ग़म न धार का
मगर जन्म तो झुका वृक्ष है
किसी धसकती कगार का
उन्हें उठा ले
पनप न पाए
उफान में जो सँभल-सँभल

किसी बहाने नगर-नगर में
बनी रहे कुछ चहल-पहल

नहीं पता कब बहे ढहे रे
तेरा जर्जर
रेतमहल।

अश्वत्थामा–7

ऐसी थी बेलौस बुद्ध की
करुणाली अभिनव वाणी
कर ही गई नरेशों को चुप
लज्जा से पानी पानी
मिथिला, मगध और भी राजा
बने नये
कुछ टुटपुँजिये
एक एक कर छोड़
रियासत
सबने चीवर
पहन लिये।

वाह री तृष्णा!

दोनों ने नाम बदल डाले थे

वैसे वे दोनों नरेश थे
पास पास वाले रजवाड़ों के
प्रव्रज्या ले ली थी दोनों ने
बौद्ध हो गये थे

फिर दोनों मिले अकस्मात
किसी गाँव के बाहर
दोनों ने
मिलकर बना ली थी झोपड़ी
गाँव के लोग
भात दे जाते नमक भी कभी-कभी
रास आ रहा था दोनों को
ध्यान का मज़ा ही कुछ और होता है

गाँव के लोग
आहार लाते
नमक कभी लाते कभी भूल भी जाते

एक दिन वही हुआ भात आया सिर्फ़
बँधा पत्ते में नमक नहीं आया

कम वयवाले भिक्खु ने
हाथ उठाकर ऊपर छप्पर टटोहते
पूछा, अधिक वयवाले भिक्खु से
नमक लेंगे?

वृद्ध भिक्खु ने कहा, आज तो
भात के साथ
नमक लाये ही नहीं गाँव वाले!

'कल नमक ज़्यादा आ गया था
वही बचाकर रख लिया'
कम वयवाले भिक्खु ने उत्तर दिया।

हँसा वृद्ध भिक्खु :

सौ योजन का राज्य छोड़कर
तूने प्रव्रज्या ली
फिर भी चुटकी भर नमक की पुड़िया
बचा ही ली

वाह री तृष्णा!

वेश्या

नंगे तो सब पैदा होते हैं

लेकिन मैं ऐसी अभागिन हूँ
सुन्दरता मेरी
बीमारी की तरह, लग गई मुझे

यौवन क्या आया मुझे
नंगा करने की होड़ लग गई
सामन्तों सरदारों में
मैं ढक भी न पाती अपने कोमलांग
कि कोई न कोई मनचला
चढ़ चला आता
जो बीज उगने थे मेरी कोख से
मैंने उन्हें पिच्छल भूखंड में
छितरा दिया
और इस तरह मैं
आम्रपाली नगरवधू वैशाली की
जनपद कल्याणी बन गई।
लेकिन ये सारे विशेषण
भाषाई स्फार हैं

जैसे कोई शव की तलाशी
लेने की ज़िद करे
बर्बर प्रवेश पुरुष जाति का
मेरे पोर पोर में
चिता की लकड़ियों की तरह चिड़चिड़ाता
वेश्या हूँ न!

असल में मेरा होना ही
मेरा रोग है
वैसे सब होना
एक दिन नहीं हो जाने में विलीन
होना है।
और एक मैं हूँ
कि
न होकर भी मुझे
झेलना पड़ता अपने होने को

शाख़ से टूटकर
कौन भला खिल पाया
दोबारा गुलदान में
मैं ऐसी रात हूँ
सूर्य जिससे
मुँह चुराता
ऐसी पृथ्वी
अमावस के बाद भी
नहीं आता
मेरी निरावरण देह पर
चादर चढ़ाने, चन्द्रमा।

देशना–2

तुम इस विसंगति को ठीक से समझ लो
        भिक्खुओ!

सुख सदा से सिर्फ़ अनुमान है
        कोरा प्रस्ताव
और दुःख का भी कोई प्रतिलोम नहीं।

तुमने न जन्म देखा
अपनी आँख से
शव भी अपना देख कहाँ पाओगे
इसलिए काल का डर
भीतर से निकाल दो
        रहा ईश्वर
वह बड़ा महँगा विचार है
        ग़रीब फटेहालों की
                दुनिया में

जीना शुरू करो
        औरों के लिए
                अपने निरालेपन का

डंका पीटना
हवा से पंजा लड़ाना है
औरों की मृत्यु मरना
यही सही ढंग है
क्लेश कम करने का
राग की आग
आँसुओं से बुझाने का

जो अँधेरे से सन्त्रस्त हैं
थोप रहे
अपना अँधेरा बचकानी चाहों का

चीख़ रहे नौटंकी के चोबदार से
उन्हें भी ध्यान की
ज़रूरत है भिक्खुओ!

नहीं दीख पड़ते घावों पर
सिर्फ़
ममता का मरहम काम आता है।

तरुदेवो भव

पहले भीतर ज़रूरी है
बदलाहट, भिक्खुओ!
इसलिए नमनशील रहना
सेवा में रहना वृक्षों की
वृक्ष ज़िन्दगी के पहरुवे हैं।
प्रतीक सब तरह के उछाह के
हरेरे विकास के
वृक्ष ही बुलाते हैं बादल को
वर्षा की एक-एक बूँद
अन्न का दाना भर नहीं
पृथ्वी में बन्द अदृश्य संसार
जीव जन्तुओं का
भी सहारा हैं
हिलमिल कर गाना ही हो तो
'तरुदेवो भव'
दोहराना।

नाम का अर्थ

मैं अपने नाम से ऊब गया हूँ
नये बने भिक्खु ने बुद्ध से शिकायत की :

'नगर में जा रहे हो कुछ लोगों से नाम पूछते रहना
जो रुचे वही रख लेना।'

नव भिक्खु ने देखा कुछ लोग अर्थी ले जा रहे हैं
'क्या नाम था इसका?' भिक्खु ने सवाल किया
'जीवक' उत्तर मिला
'क्या जीवक भी मरता है?'
अर्थी ले जाने वालों ने जवाब दिया :
'जीवक भी मर जाता है आजीवक भी, तुम मूर्ख हो।'

भिक्खु आगे बढ़ा, किसी ने भिक्खु से रास्ता पूछा।
राह बताने के साथ-साथ भिक्खु ने
उस आदमी से नाम पूछा
'पन्थक' उत्तर मिला।
'क्या पन्थक भी भटक जाते हैं?'
'पन्थक अपन्थक यहाँ सभी भटक जाते हैं।'

भिक्खु आगे बढ़ा, कुछ लोग एक स्त्री को पीट रहे थे।
'क्यों पीट रहे हो इसे?' भिक्खु ने सवाल किया
'ये साली धन कमाकर नहीं लाती' उत्तर मिला।
'क्या नाम है इसका?' भिक्खु ने पूछा
'धनपाली' उत्तर मिला।
'क्या धनपाली को भी कमाई करनी पड़ती है?'
'तुम वज्र मूर्ख हो, नाम का कमाई से क्या लेना देना।'

लौटकर भिक्खु बुद्ध के चरणों में गिर पड़ा, बोला—
'अब मैं नाम की निरर्थकता जान गया
मुझे आप अगला उपदेश दें!'

देशना-3

सभी लोग गर्भ में गुमनाम होते हैं
स्वप्न में सत्ता
अनत्ता में खो जाती
        किसी तरह जाति अगर
मिट जाये जाग में
काले गोरे की भेद भावना
उड़ जाये भाप बनकर
तब बरस सकता, बादल करुणा का
        उस विकसित लोक जीवन में
तभी भी दो वर्ण तो होंगे ही
एक, 'स्व' की तलाश में
दूसरे, जनजन की पीते पीड़ा।
मरहम लगाते दुखियारी
        मनुष्य जाति के घावों पर।
        दोनों होना है
        तुम्हें जीना भी है कम-से-कम पर
होश भी नहीं खोना
        ताली बजाकर एक हाथ से
पार होना बिना द्वार वाली दीवार से

मार सबको चाबुक मार रहा
पत्थर उरोजों का सुन्दरापा
दो चार दिन
फिर वही पिलपिला फच्च मंथरापा।

'मैं और मृत्यु', यही दो महारोग
खाए चले जा रहे
दुनिया को!

जब कभी चोट लगे मन को
ध्यान से निहारना
तुम्हें उस घाव में अपनी अहंता का
ही अक्स दीखेगा
दाँव हारी हुई बाज़ी का

उपेक्षा—एक बस यही भर उपाय है
पीड़ा से बचने का

रही मृत्यु
उसका उपचार है
विपस्सना।

देशना-4

ठहरा सा लगता
सरक रहा सारा संसार, पल प्रतिपल
जीता मरता हुआ
उत्पत्ति, अविकल विनाश का पुरोवाक् है
तुम्हारी वजह से न हो तुम
और न तुम्हारी वजह से और कोई

रहा ईश्वर
तुम इस निष्कपट झूठ को
ध्यान की गहराई में जाकर
बुहार दो।
प्रार्थना छलावा है
अपनी परछाईं पकड़ने का दावा।

जो हवा पी रहे तुम
जिस धरती पर सस्पंद हो
उसका सब ब्यौरा अंकित है दिक्-क्षेत्र में
काल शाश्वत का अभिलेखागार है।

ठीक से समझो इस पहेली को

आकाश, जल, धूप, वनस्पतियाँ सब
तुम्हें सँभाले हैं
एक-एक कोशिश तुम्हारी बेहाल
दोबारा धरती पर आने को
तुम्हें अगर निर्वाण की राह जाना है
फन पकड़ना ही होगा इच्छा के नाग का, बचकर,
अतिरेक व्यतिरेक से
सिर्फ़ तुम्हीं नहीं, सब हैं सुखार्थी
इसलिए शील, अहिंसा अपरिहार्य है

दुनिया परिधि पर जीती
तुम्हें केन्द्र पाना है
इसलिए बीच की राह सही राह है

उदार हैं लोग दे देते उदर भरने को
यह उधार भी तुम्हें
चुकाना है।

क्या कोई पेड़ या चिड़िया
क्या कोई पोखर या सागर
क्या कोई ज़र्रा या भूधर
क्या ऐसा है जो सेवारत न हो
अस्तित्व की शर्त ही
एक दूसरे पर भरोसा है।

इस तरह सोचो
तुम्हारा कौपीन भी
किसी बुनकर के हाथ का पसीना है
तुम्हारे खड़ाऊँ भी

किसी पेड़ के दिल में धड़कते
        छिपे बैठे थे
और यह ध्यान करने की
चटाई
पता नहीं
किन बूढ़ी आँखों ने
                दिये की
लौ तले बनाई थी।

बुद्धत्व और बुढ़िया

एक बार दूध से भरा भगौना लिये, एक बुढ़िया
बुद्ध के पास आई
बोली—'मैं मधुकरी तब दूँगी जब तक यह पता न चले तू
क्या निब्बान-निब्बान का पाठ पढ़ाता रहता है।'
बुद्ध ने हँसकर कहा—'यह पात्र दूध भरा वापस ले जा तू।
'वापस ले जाऊँ? क्यों? जवाब दे!'
बुद्ध ने कहा—'इसे चूल्हे पर चढ़ा देना।' बुढ़िया ने कहा तब
'तब?'
'क्या होगा—दूध उबलेगा।'
'फिर क्या होगा जानती है?' बुद्ध ने सवाल किया
'खूब जानती हूँ, फिर मैं इसे उतारकर, इसके ठंडाने की राह
देखूँगी।'
बुद्ध ने पूछा— 'फिर?'
'फिर क्या? मैं इसमें जामन डालूँगी।'
बुद्ध ने पूछा— 'फिर?'
'फिर यह जमकर दही बन जाएगा।'
बुद्ध ने फिर पूछा— 'फिर?'
'फिर मैं इसे मथूँगी मथानी से।'
'फिर क्या होगा?' बुद्ध ने सवाल किया।
'फिर सारे घरवाले मक्खन खाएँगे।'

‘तुझे यह सब करते हुए कितने बरस हुए?’ बुद्ध ने सवाल किया
‘जब से ब्याह कर आई तब से।’
‘ऊब नहीं लगती?’ बुद्ध ने फिर पूछा।
‘लगती तो है मगर...’ बुढ़िया थोड़ा लड़खड़ा कर बोली।
‘अगर मैं कहूँ तू सारा मक्खन आग में डाल दे!’
अब वह बुढ़िया घबराई :
‘हाय दैया! तब तो लपटें उठेंगी चूल्हे से और चिनगारियाँ’
‘वे तो ऊपर तक जाएँगी’
‘क्या तू जानना चाहेगी चिनगारी कहाँ गई?’
‘वह तो ऊपर जाकर ओझल हो जाएगी’
‘अगियारी भट्ठी से छलाँग मारकर चिनगारी का ओझल हो जाना
यही निर्वाण है।’
वह बुढ़िया उसी वक्त
वहीं बौद्ध हो गई।

कुशीनारा

सब कुशीनारा जाने से डरते
सबको कुशीनारा ही जाना है
वही नहीं, कुशीनारा जो है

असल में सबका अपना अपना कुशीनारा है
बिल्कुल अनियारा।

वह दुःख-ध्वंस है
सिर्फ़ एक क्षय
क्षय हर चाह का
क्षय प्रवाह, क्षय ममकार का
क्षय हर सड़ी गली
याद का
क्षय सम्भावना के प्रमाद का
उड़ गया कपूर है कुशीनारा
बिना लड़े सूरज की
किरणों से
खो जाना ओस का
लपट से छिटककर
विदेह हो जाना

चिनगारी का
काल की गिरफ़्त से इतर
अस्ति का नास्ति में
विलीन हो
जाना है।

कोई संप्रत्यय तो पहले ही
बच नहीं रहता
कुशीनारा की राह पर
कुशीनारा
अभाव का महाभाव है।

समस्त का अस्त हो जाता कुशीनारा में।
पागल का स्वप्न नहीं कुशीनारा
सपनों का पागलपन से छुटकारा है
न जन्मना वहाँ न मरना
अक्षय सूनसान है
कुशीनारा
अनुपस्थिति का सार
कुशीनारा
अमृत का उपनाम है!

क्षेपक

बुद्ध कपिलवस्तु में जनमे
जबकि बुद्ध से भी पहले
वैशाली के कुंडग्राम में
शिखर एक और उभरा
वर्धमान था नाम तीसवें वर्ष ऊबकर घर छोड़ा
वर्षों रहकर मौन वस्त्र त्यागे
निर्जल उपवास किया।
फिर मीठी वाणी से जन को
अनेकान्त का ज्ञान दिया

कैसे कैसे साधक थे उन दिनों विरल प्रतिभावाले
ईश्वर, सत्य, स्वर्ग, हिंसा की मीमांसा करने वाले।
अजित केशकंबली, प्रक्रुद्ध कात्यायन याकि पूर्णकाश्यप
संजय वेलट्ठिपुत्त सहित मक्खलि गोशालक
ये आजीवक, भौतिकवादी, संशय और भाग्यवादी
अकर्मण्यता के पोषक थे बेहद तर्क विर्तकवादी।

तीसरा पीपल

अश्वत्थामा–8

अब चौदह सौ वर्ष बाद मैं
आया हूँ माहेश्वर में
जनपद के बाहर के आश्रम के हरियाले परिसर में
दो गायें चर रहीं, पास ही बनी एक यज्ञशाला
एक वृक्ष पीपल का है स्तब्ध घनी शाखों वाला
दिन भर बहस चली थी जो बस
उसकी फलश्रुति यही हुई
हारे मण्डन मिश्र कर्मकांडी
शंकर की विजय हुई
सारा दृश्य जगत झूठा है
बस विराट ही भास्वर है
पाने योग्य अगर कुछ है तो
वह अविनाशी अक्षर है
वह निमित्त है उपादान भी
केवल उसको पाना है
दृश्य देखकर द्रष्टा का बस
तद्‌विलीन हो जाना है
इसीलिए यह सारा धन्धा कर्मकांड की कीचड़ है
मन का मैल नहीं धुल पाता कीचड़ आख़िर कीचड़ है
इसी बीच जो निर्णायक थी बनी वहाँ ऋषिपत्नी ने
पूछे गुप्त प्रश्न शंकर से अर्धांगिनी भारती ने।

भारती

तुम हाथीदाँत की मीनार में
बैठे
इस पूरी सृष्टि को
झूठा कहने वाले कौन हो?

शपथ लो कि तुम नहीं जनमे थे माँ की कोख से
आकाश से गिरे थे धरती पर।
शपथ लो कि तुम अनासक्त हो
भूख और प्यास के
दुर्निवार जाल से
शपथ लो कि तुमने निद्रा का
दाह-संस्कार कर डाला है।

शपथ लो कि तुमने अहंग्रस्त अनुभव से
काम के
अनबुझनशील ताप को ढाँप दिया
है बर्फिल चट्टान से
शपथ लो कि तुम स्वप्नदोष से
अपरिचित हो
शपथ लो कि तुम

हड्डी मांस का जोड़ नहीं
या
चलता फिरता झुनझुना श्वास का
तुम
केवल आभास हो।
अगर तुम्हें सचमुच कुछ आता है
मुझको समझाओ
क्या नारी देह में
कोई अतिरिक्त रन्ध्र होता है?

और क्या है उसकी विशेषता?
उत्तर दो
क्या अन्तर है गौरी, किशोरी में
क्या अर्थ
होता है होने का
रजस्वला।

आधी आबादी से अनभिज्ञ तुम
तुम्हें क्या पता
क्या होती है
सुहागरात
सहवास में गुँथे दो बदन
बेख़बर। बेसुध
देशकाल से
खो कहाँ गये होते हैं
किस लोक में।
वहाँ जो विस्फोट होता
गर्भलोक में
तुम्हारा अद्वैत पहले पहल

वहाँ घटित होता
बन्द हो जाता द्वार
सृष्टि फलवती होने के उपक्रम में
रचने लग जाती नयी काया नया रूप
माया का फटा ढोल यही फेंककर
ओ अधकचरे आचार्य!
पहले मँजीरा तो बजाना
सीख आओ
रतिरानी का!

अश्वत्थामा-9

सुनकर सारे प्रश्न
आदि शंकर कुछ पल चुपचाप रहे।
क्षमा माँगते हुए भारती से
फिर कुल इतने शब्द कहे
मैं हूँ अनुभवहीन
मुझे रतिक्रीड़ा का कुछ पता नहीं
फिर भी लौटूँगा मैं सारे उत्तर देने
सही सही।

देखा शंकर ने अमरुक राजा का
बुझता हुआ दिया।

देह छोड़कर अपनी
उसकी काया में अधिवास किया।

रनिवास में शंकर–1

मैं यहाँ कहाँ आ गया?
नरम नरम काली दूब ढकी सुरंग से अनवगत मैं

सिर्फ़ ब्रह्म को सच मानता
आकाश लपेटे अपनी काया के आस–पास
स्वेद से उपराम अपने
औरों के खेद से
सिर्फ़ भागता रहा जैसे हवा
या कि छाया जो प्रशान्त जल में
गिरकर भी, गीली होती नहीं,
                    पुकारता
सारा का सारा दृश्य जगत अनवरत बहाव है
सब प्राणी प्रेम पगे
डूबे सन्त्रास में
          सुबह शाम जोड़ते
                    घटाते अपने
                              आँकड़े।
          घायल पशु की तरह कराहते
कौन उन्हें
समझाए हर सम्बन्धी

यहाँ बहाव था
जरा मरण के क़फ़न में बँधा
साधन आधारहीन
कल्प कल्पों से
असहाय था।

रनिवास में शंकर–2

व्यर्थ ज्ञानकोश का गट्ठर उठाए
फँसा तर्क जाल में
सिर्फ़ रहा सोचता

मैंने अनपाया पा लिया
पर जो पाया था
अब वही पराया सा लग रहा

सुख तो यहाँ है सुरंग की सोंधी सुगन्ध में
ग्रीवा के नीचे के उभार में
जिह्वा से जिह्वा के बीच
चुप–चुप संलाप में

यह मेरा पौरुष भीतर की गुनगुन झील में
डुबकी मारकर
कौन से महासुख का मन्त्र
लिखे जा रहा
बार बार
यह पिघला पारा
चन्दन शहद की

सुगन्ध लिये
भीतर कहाँ जा रहा?
        मीठी सीत्कार
जैसे समाधि में
        साँय साँय
                या शायद
झंकार विचित्र वीणा की।

लौटकर आचार्य शंकर फिर उसी अश्वत्थ की
छाँह में आये, किया आग्रह कि आओ भारती।।
क्यों न हम कर लें पुनर्मीमांसा इस तथ्य की
कौन सा है सूत्र वह जिससे जुड़े हैं रथ रथी।।

(सुरेश्वराचार्य नाम से विख्यात आदि शंकर के प्रथम शिष्य अन्य कोई नहीं, बहस में हार गये, भारती के पति थे)

शंकर का विलयन

किसके किसके लिए
यहाँ रोये कोई
यहाँ सभी के काँधे
    बोझा भारी
यहाँ सभी को मरने की
            बीमारी
दृश्य जगत को
जिसने माना माया
हिमगिरि की ऊँचाई पर
        ना जाने कैसे
कहाँ खो गई
वह सोने सी काया।

अश्वत्थामा-10

दृश्य कुछ और था
देखा मैंने
घोड़ों की टाप और
जिरह बख़्तर पहने हुए
तलवारों की नोक
उछाल रही थीं कटे खोपड़े
श्यामला धरती पर
हब्शी सेनाएँ
लगातार ख़ून की होली
सजा रही थी रंगोली
बर्बर आक्रान्ता
हल्ला बोलकर
टिड्डी दल की तरह
आ बैठे थे हरी-भरी
संस्कृति के कान्तार में

मैंने देखा नालन्दा के
ज्ञानकोश को राख होते
देखा आत्मदाह करती
पद्मिनी को और देखा

समर्पण शेर सिंह का

देखा सोमनाथ को
ध्वस्त होते और
सुनी
पंडों की पोपली घोषणा
होकर ही होती है
भवितव्यता

इतिहास बारह सौ साल का
इस क़दर सना पड़ा है
पराभव से
कि जैसे
कोई क्षयग्रस्त रोगी
समझौता कर ले
लाल बुन्दकियों वाले
कफ़ से।

चौथा पीपल

कबीर चौरा

रुई में लिपटी आग है
'मैं'
कोई फ़क़ीर गा रहा
पीपल का एक-एक पत्ता
ताली बजा रहा।

धुएँ की लकीर

हम सबकी ज़िन्दगी
धुएँ की लकीर
न काली न गोरी
न पूरी अधूरी
अधूरी न पूरी
न रंग अरंगी
न उलटी न सीधी
न खारी न खोटी
न सूखी न गीली
बनी अधबनी सी
तुहिना तस्वीर
हम सबकी ज़िन्दगी
धुएँ की लकीर
साँझ ढले चौरे पर
गा रहा फ़क़ीर।

अश्वत्थामा-11

किसी को नहीं पता
क्या चलता रहा था किशोर मन में
कबीर के
उसने जब जाना
आना उसका इस दुनिया में
अवैध था।

फेंका गया मांस पिण्ड
रात के अँधेरे में
किसी कोख से
उसकी बिलखन यह थी
कदाचित उसे, पाप का पुलिन्दा
माना जाकर
फेंका गया

कदाचित घुन की तरह खाया करता था
यह दोमुँहा सवाल
वह परिणाम था प्रेम का
या बलात्कार का
क्या उसका होना कलंक था?

जननी अपनी के लिए
क्या दर-दर भटकती वह कोई विधवा थी?
पगली
या किसी बड़े घर की सेविका
या धोखा-खाई प्रेमिका
    आख़िर वह किस बीज का अंकुर था
और कितना बड़ा रहा होगा दिल
नीरू नीमा का
कलंक को अंक
कोई बिरला दे पाता है।

रहा पाप
वह कमज़ोरी से जन्मता

बेसँभाल ऊर्जा
उसकी बरजोरी का नतीजा है।

अश्वत्थामा-12

थी सावन की रात घनेरी
गुमसुम सी धूनी की ढेरी
से
औचक चिटखी चिनगारी
मन कबीर का समझ न पाया
क्यों बचपन फिर से उतराया
    जैसे अनहद गिरकर हद में
    बीते घाव खुरचने आया।
    कोई कभी न जान पाएगा
    कैसे भरमाती है माया
स्मृतियों का ताना बाना
गा उठता है राग पुराना।
बन्द पड़ा बचपन का परदा
फटा गगन ऐसे घर्राया
कहता हूँ मैं जो पढ़ पाया
    कवि कबीर का मन अनथाहा।

कबीर-1

नाम मुझे यह कहकर दिया गया
मैं
महान से भी महान हूँ।

पता नहीं क्या क्या कहकर
गरियाते गली वाले
औरस, फिकंदर, कोरी, लभेटा

अधगिरी अब्बू की झोपड़ी में
करघा था रुई के रेशे उड़ा करते थे
टूटी फूटी एक देग़ थी
पिचका शकोरा
घनौची में काई-खाए दो घड़े
दिन में बस एक बार जलता चूल्हा
एक चारपायी घुनखाई
घुन कभी बाहर नहीं आये
धुन सुनने
जो बजा करती थी
बिनौलों से बिलगाकर
रुई को रेशा रेशा ढेर करने में।

अब यह रुई भी अजीब लगी
बाती बना लो दीवा बन
जलने लग जाती
गद्दे में भरकर नींद
बुनी जाकर
तहमद
कभी परदा
दुनिया से छिपने छिपाने का।

दो टूक वायदा
फाया बनकर घाव ढकने का

सुई के पेट से गुज़रकर
रुई
लाज ढक लेती
अम्मी के जर्जर दुपट्टे की

फूलों के पेट से गुज़र कर
वरमाला।

कबीर-2

बचपन की बात है
तय किया मैंने
कहा किसी का नहीं मानूँगा

भले ही तर्क से साबित हो जाए सच
शक तो किया ही जा सकता है

क्या पता सत्य भी जाली हो!

फिर मैंने सोचना शुरू किया
बरस दर बरस
बीतते गये
शक की झक में यक़ीन था कि
हो ही नहीं पाता था

वे कहते, ईश्वर है
मैं कहता, हो नहीं हो
शक तो किया ही जा सकता है!

वे कहते, बहिश्त ही स्वर्ग है

मैं कहता, जिस पर सन्देह न किया जा सके
ऐसा सब मान लेना
सच को झुठलाना है।

सच अगर सचमुच असन्दिग्ध हो
तो ही मानूँगा—
इस तरह मैंने अल्लाह को
ईश्वर को
क़यामत, पुनर्जन्म फ़ना याकि
मोक्ष निर्वाण
सबको खारिज कर दिया।

आते-आते एक दिन मैं
झंझट में पड़ गया
जब यह सवाल उठा

मैं हूँ या नहीं हूँ

अगर मैं कहता नहीं हूँ
तो भी जवाबदेही के वास्ते
मुझको मेरी ज़रूरत थी

'नहीं हूँ' मैं कैसे कह सकता था
क्योंकि मैं था
हारकर मैं चुप रहने लग गया।

कबीर–3

चुप्पी की दुनिया
ज़्यादा बातूनी है
घर के करघे से लेकर
दूर से आती अज़ान
या आरती की वेला में
बजते घड़ियाल घंटियाँ
सब गूँगे लगते हैं
उस हाहाकार के सामने
मन उतरता जब
अपनी ही गहराई में।

कबीर–4

भीतर की भीड़ से भड़भड़ाकर
भागा मैं।
इशा की नमाज़ की वर्तुल तान
खो गई थी कब की हवाओं में

अँधेरा झुक आकर आराम से
        आ लेटा था गुम्बद के आस–पास
गवाह बन खड़ी थीं मीनारें
मस्जिद के भीतर पवित्र शान्ति थी।

मैं उतान लेट गया
लोबान की भीनी गन्ध और
साँय साँय पीता उनींदा मैं
पड़ रहा आख़िरी सीढ़ी पर

        गहरा रही थी रात की रवानी
कि सुन पड़े बोल
                फ़ानी है सब नाशवान
                        अल्लाह के अलावा
                        अल्लाह बड़ा दयावान

फिर मस्जिद के पीछे के
बियाबान से
सन्नाटे का कम्बल काटती
आई किसी ज़िबह किए जाते
निरीह की रँभान।
बन्दगी दरिन्दगी की
उलटबाँसी से त्रस्त मैं

लौट पड़ा फटेहाल
अम्मी की छाँह में।

कबीर-5

जाड़े की रात थी
काशी की गलियों में
कुत्ता पुराण का
पाठ चल रहा था

चकमा देकर मुझे नींद
जा चुकी थी
पता नहीं
किसी श्मशान में।

उचाट मना मैं सच की तलाश में
चला गया उठकर
अघोरी बाबा के मठ के सामने
आग जल रही थी

लपटों की चिटचिट से
चिमटे का तालमेल भला लगा

चुपके से दूर खड़े रहकर

देखा मैंने
झुलसा मरा एक साँप
कुल्हड़ सबके हाथ में
कटकट कर बोटियाँ
शराब के साथ बँट रही थीं
वाम मार्ग की क्रूर झाँकी से
थरथर
काँपता
फिर लौट आया मैं
अम्मी की छाँह में।

कबीर-6

घर में ग़रीबी की तानाशाही थी
मैं था कि सच का दीवाना
अम्मी बस अल्लाह कहकर
रो पड़ती
        या फिर जी भरकर कोसती
        मुझ सी निखट्टू औलाद पर।

सब मान बैठे हैं कि बच्चे मनमानी न करें
भयभीत-भटक न जाएँ कहीं

चार तरह के ढंग होते हैं जीने के

कमलवत्
चन्दनवत्
इक्षुवत्
हेमवत्

        इन्हें भूलकर वे चाहते
बच्चे जिएँ सिर्फ़
        यथावत्

मैं था कि मुझको
ग़रीबी के बावजूद
उनके सीधे सरल
विश्वास भी खोटे
लगते
        और सत्प्रयास भी।

लहर-ताल

जेठ की दोपहर
यहीं कहीं गड़ी होगी मेरी नाल
सोचकर
चला गया मैं लहर-ताल

कोई एक नंगा संन्यासी कह रहा था
पास खड़े लोगों से
तुम्हारा लिबास
भद्दा मज़ाक है
घास, फूल, चिड़ियों, तितली पतिंगों की निगाह में

तुम्हारे अंगवस्त्र, मन्त्र पाठ यह जनेऊ
सब स्वांग लगते हैं।
स्वयं उगी कास, सरपत के झाड़ को।

किस परलोक तक पहुँचने के लोभ में
अर्घ्य दे रहे हो तुम सूर्य को

जो एक दम पास है
धड़कता रात दिन
जब तुम्हें उसी की फ़ितरत का पता नहीं

तब किस लोक और रंजन को लेकर
भरपेट शामिल हो तुम जुलूस में

मैं गया होकर आया होता तो बताता वहाँ
कहीं एक ठोस परलोक है
कि हम सबका अस्तित्व
छाया की अमरबेल है

मैं नहीं कहता कि ठीक हूँ

यह भी नहीं कि ढीठ उस पतिंगे सा
जिसकी नियति
केवल उत्सर्ग
हैं जितने लोग उतने लोक
सब व्यस्त अपने सपने भुनाने में

तारों के नाम पर ऊपर आकाश में
तैर रहीं ठोस चट्टानें
पाप को पाप कहना भी न ठीक
पाप सहना भी,
सभी मस्त हैं
कर्म की धूनी सुलगाने में
काल भी कल्पित है
कर्मफल भी
कौन से कर्मों का फल था कि
कृष्ण ने वहाँ देह छोड़ी
जहाँ धुर सुनसान था
और दारुक
देख रहा था काठ मारा।
कैसे चट कर जाता पूर्ण बिम्ब को
कोरा अँधियारा।

कबीर-7

वह भी क्या शाम थी
हरिश्चन्द्र घाट पर
                कोई मल्लाह
        कह रहा था
अपनी सन्तान से
        आधी फटी साड़ी है सत्य
लकड़ी हारिल की
                सत्य
बहते पानी में
                गिरी बिजली का
                        कड़क अट्टहास है
फाँस नोकीली
        आड़ी फँसी हुई
कंठ में युधिष्ठिर के
        'फाँस' सुनते ही
याद आया
        माँ ने कहा था
                बाँस के टुकड़े लाना है
छप्पर टपकता है
        गली के बीच साँड़ खड़ा था मरकहा

भागा मैं डरकर

सीढ़ी चढ़
जा छिपा पता नहीं
किसकी थी सीढ़ियाँ
गा रही थी कोई

X X X

राम दुहाई
नाव नदी संयोग रे भाई
सारी खुदाई।
टूटी पायल अँगिया ढीली
चीकट तकिया
चादर मैली
कल की चटख़ कली को
जबरन
चूस गये भौंरे हरजाई
राम दुहाई!

समझ नहीं पाया मैं
सच कौन सा सचमुच है खरा
नाव पर बैठा मल्लाह
गली छेंके खड़ा मरकहा साँड़
या सीढ़ियों से झरते बोल
भागा मैं माँ को टेरता।

दशाश्वमेध घाट पर

यह बूढ़ा जो है पड़ा
काशी-करवट लिये
मरने के इन्तजार में
लालच का मारा है
लगा मुझको।
स्वर्ग का स्वप्न लिये
अपनी चुँधियाई आँखों में
यह जो घाट पर नहाने आई
है गंगा में
सोचकर
भवसागर तर जाएगी
क्यों भला मानेगी तब
तो गंगा के मेढ़क
जन्मजात भागी हैं मोक्ष के
यह पंडा जो माला फेर रहा, सीढ़ी
पर बैठा घाट की
इसकी निगाहों में ययाति वाला मनोरथ है।

माँ नीमा

तू बेवजह ग़मगुसार है
आने में शामिल जाना—ताने में जैसे बाना
        दुनिया—गोला उलझे सूत का
        हर सिरफिरे को सिरे की तलाश

घर में दाना नहीं
तू है कि सवाल किये जाता
        पत्ता नीचे की तरफ
                क्यों गिरता
                क्या है उस ओर आसमान के?
तू ऐसा कर दूर वहाँ
पीताम्बर पीर के पास जा
गा गाना गोविन्द का
        उसको भी किसी और मैया ने
                पाला था
ज़्यादा तो नहीं जानती
        शायद वह ग्वाला था।

बाबा पीताम्बर–1

हूँ और कौन हूँ?
का स्रोत
जान लेने के वास्ते
व्याकुल अधीर
        तुम चले आये हो
क्या मैं बताऊँ
तुमको कबीर,
भरे भरे बादल का रिश्ता
क्या होता समुद्र से
जिसकी छुअन से
        जड़ में हो लेता संचार
धड़कन का
        उस सिरजनहार की
कोई तस्वीर हो तो बताऊँ
अव्यय है जिसकी करुणा
और जो निधान
गहन प्रेम का
उसी के सहारे तो टिकी है
सारी कायनात
ऊपर दूर दूर तक छाई नीलाई

उसी में
समाई
फिर भी आकाश को उसका
भान नहीं
धरती के ज़र्रे ज़र्रे में
बन्द वही
फिर भी किसी बीज को
उसका पता नहीं
आग हवा पानी सब बेख़बर
हैं उसकी सत्ता से
उसकी हल्की झलक
मिलती बस प्रेम में
ये मारी मारी फिरती
तितलियाँ
फुलचुग्गी जो
जान को
दाँव पर लगाकर
बुनती घोंसला
यह जो नर-कोकिल कूकता
देर रात तक
लड़ती बिल्लियाँ
यह सब प्रेम का ही उपोद्घात है
तो भी कबीर
प्रेम और प्रेम के बीच
भी भेद-रेखा है
जैसे समुद्र और समुद्र-फेन में।

बेबूझ बानी

मिट्टी से मिट्टी तक
की रेलमपेल में
सिर्फ़ तू ही नहीं
सब मटियामेट हुए जा रहे
मिट्टी की डुगडुगी बजाने में!
सारे गत्यवरोध तोड़कर
चटख़ रंग रँगाता जगत जन्म लेता
शुरू हो जाती दौड़
बाहर से भीतर या
भीतर से बाहर जाने में।
चुक जाती ऊर्जा
हर कोई अपने ही बेतुक संकल्प का
शिकार है! वैराग्य दुर्लभ
हो भी जाये तो
पीछा नहीं छोड़ती
नटिनी रूप रंग की
मन उचट भी जाए नाच से
तो भी नहीं टिकता ध्यान में
हर देखा यहाँ धोखा
अनदेखा किसने देखा, मिट्टी की आँख से

इनकार कैसे करे कोई
मिट्टी से
शामिल होकर मिट्टी के जुलूस में
मिट्टी, मिट्टी को मात देने में व्यस्त
पिट रहे पैदल, घोड़े चल रहे टेढ़े
वज़ीर चढ़े खोपड़े पर सम्राट के
अजब शतरंज है व्यवस्था
धूल धूसरित हुई जा रही
        मिलाने में
मिट्टी को मिट्टी से
मिट्टी पर धूल डालकर।

बाबा पीताम्बर–2

जिस तरह विकास/क्षय
भाई भाई
        रोशनी, विदाई अन्धकार की
जिस तरह देह वल्लरी
रस भरी नीचे से ऊपर तक
                    झुर्रं फिर
जैसे आकाश
            अनचाहा विस्तार
बादल, बिजली भरा
            और फिर एक दिन
फक्कड़ फुहार प्रेम की
        बिल्कुल उसी तरह कबीर
कहनी है कहानी
        तुमको भी प्रेम की।

गा रे मन मौलाना

सब अपने हैं अपने हैं सब
कोई नहीं बिराना
गा रे मन मौलाना।
आया कौन यहाँ अपने से
और किसे कब जाना
गा रे मन मौलाना।
कोरी थी तस्वीर
रही होगी कोई मजबूरी
चाहा लाख नहीं ही
रख पाई रंगों से दूरी
भरा भरा है रंगों से
मिलकर
हर कोना-कोना
एक हुई अनहोनी सबका
होना और न होना

सबके संग मिलकर
सुख दुख में
सबका साथ निभाना
कोई नहीं बिराना।
गा रे मन मौलाना।

कबीर–8

छान चुका था मैं सब, मन्दिर,
शिवाले अखाड़े
पंडों के हथकंडे
गंगा में डुबकी लगाने वालों की
सिरमुड़ाई।
समझ चुका था, गला काट
कर्मकांडी, मुस्तंडों के ढकोसले
मेरी हताशा हद पार कर
जा लेटी पंचगंगा घाट की
साफ़ सीढ़ी पर,
पता नहीं कब नींद आ गई।
पाँव पड़ा माथे पर मैं हड़बड़ा कर उठा
कानों में शब्द सुन पड़ा 'राम!'
और मैं हद से उठकर ग़ायब ही हो गया,
पगलाया—जिस्म भर पड़ा रहा।

अश्वत्थामा-13

कृष्ण बुद्ध शंकर कबीर के
अन्तर मन में झाँक लिया
भरसक दिव्यपक्ष सबका,
सच कैसे कहूँ कि आँक लिया
साक्षी बनकर झेला हर खेला
सबका अनकिया किया
ऐसा जला कि जलता ही जा
रहा चला यह प्राण दिया
बिखरा हुआ दुःख मेरा फैला
है सभी दिशाओं में
एक तड़प पल रही देह की
दहदह नील शिराओं में
बासी लगता है इतना क्यों
साँसों का आना जाना
जैसे पानी में मछली का
पानी से उकता जाना।

सर्गविहीन सदी का रेला

ऊर्ध्वमूलम्	ऊपर की ओर जड़ वाले
अध:शाखम्	नीचे की ओर शाखाओं वाले
अश्वत्थ	संसार रूप अश्वत्थ वृक्ष को
प्राहु:	कहते हैं
अव्ययम्	अविनाशी

आशय यह कि यह संसार भी अश्वत्थ वृक्ष है 'जिसकी जड़ें ऊपर आदि-पुरुष से जुड़ी हैं तथा नीचे इसकी परम्परा क्योंकि अभी भी चली आ रही है इसलिए इस संसार-वृक्ष (अश्वत्थ) की, कुछ समकालीन झलकियाँ :

नन्हा पीपल

वर्षों से सूखे
इस कुएँ की जगत पर
दर्द से कराहते
तुम कौन हो?
पूछा भीतर से किसी मीठी आवाज़ ने
मैं अश्वत्थामा हूँ और तुम?
मैं हूँ अश्वत्थ
मुश्किल से पाँच दिनों पहले उगा
टूटी ईंटों की बीच की दरार से।

x x x x x x x

और मैं नहीं मर पाने की पीड़ा से त्रस्त
भटक रहा पाँच हज़ार साल से
बचपन में मुझको दूध की जगह
मिट्टी मिली सफ़ेद पीने को
पिता को मेरे
छल से मारा गया।
जिनकी तरफ़ से लड़ता था
सही जब नहीं गई उनकी भर्त्सना
चला दिया मैंने वह अस्त्र

जो सर्वग्रासी था
फिर उसके बाद माथे की मणि से
वंचित मैं
        प्रभास क्षेत्र से लेकर काशी तक
डोलता रहा छिपा देखता
चार अश्वत्थों का दिव्यलोक।

बोला तब नन्हा अश्वत्थ
निहितार्थ यह कि
कृष्ण से लेकर कबीर तक
तुमने आत्मसात् किया
अलौकिक प्रभामण्डल
        हृदयंगम कर उन प्रज्ञा सम्राटों का
और अब क्या कहने आये हो
अन्धकूप से?

अश्वत्थामा-14

बीत चुके पाँच हज़ार साल
बिलकुल वैसा ही हथियार है अब सभी के पास
स्वयं को जलाकर था जैसा पाया मैंने
वरदान में
कितना अजब वक़्त आ गया है
सभी लोग
सबको शक की नज़र से देखते
हर घर युद्ध शिविर हो गया सा
अजब फलसफ़ा है विकास का
आदमी
उत्पादन, उन्मूलन विनाश के
मकड़जाल में फँसी मधुमक्खी सा
हवा में डंक मारता
बेशुमार चीज़ें, बेशुमार इश्तहार
कचरा फैलाते निकृष्ट का
बेशुमार अख़बार
कूड़ा सजा रखा, हर 'मॉल' में
'बोल ख़रीदार क्या ख़रीदेगा?' एक षोडशी के
अधखुले उरोज बिना होंठ खोले

रसभरी धमकी दोहराते
"जो पृथ्वी पर जन्मा है ख़रीदार है
कुछ-न-कुछ का उपभोक्ता
नहीं भोगता जो अभागा है।"

आत्ममन्थन

मेरे ही माथे का घाव नहीं रिस रहा
पिस रहा यहाँ हर सर्वहारा
दूसरी तरह की लड़ाई
यन्त्र दैत्य चरे जा रहा
फसल
युगों की कमाई लोकविद्या
यहाँ वहाँ बाँहें पसारकर
भीख माँगती
सैकड़ों चुनौतियाँ
                छर्रों की तरह
घुसीं रोम रोम में
विक्षोभ आत्मघात कर रहा
अपने ही खेत की मेड़ पर
गद्‌गद सभासद महज देख रहे
कितनी अवधि और
लेगी साड़ी भूमा की, खुलने में
अजब अर्थजनित युयुत्सा है
अर्थहीन प्रच्छन्न और क्षेत्रहीन
        अनर्गल तो है ही जो
जिघांसु भी।

हर कोई अतिरेक के बुखार से ग्रस्त
भोग का रोग
खाए जा रहा बचपन को, जन-जन को
हो सकता है यह सदी
किसी बड़े आतंक की शुरुआत हो
या फिर झुलसी कल्पना
मेरे ही भीतर की दहकन की।

अपसरण

खड्ग धनुषवाण की जगह
गोलियाँ
फिर तरह-तरह की गोलियाँ
नींद को सुलाने बुलाने वाली गोलियाँ
अपच को पचाने
क्रोध शमन, हँसने हँसाने वाली गोलियाँ
स्तम्भन ठहराने
गर्भ का निरोधन करने कराने वाली गोलियाँ
छेद से लेकर पठारों का
क्रय विक्रय करते विज्ञापन
मामूली की माँग बढ़ी
रंगीन काँच पर
सत्यनारायण की कथा
सच की ऐसी तैसी कर
घर-घर में छाई
डकार अघाए
गुड़ानन्द की
सब कुछ चुपचाप घटता गया
बँटता गया
आकाश

देने लगे संगणक सन्देश ब्यौरा मौसम के हाल का
परखनली में उगी
पीढ़ियाँ
देखते-देखते बदल गई परिभाषा देश की
गुह्य का ऐसा खुलासा हुआ कि
खुलापन, गूढ़ से गूढ़तम हो गया
समय को खा गई रफ़्तार
कर्दम सना आदम का नाम बम हो गया।

बोला नन्हा पीपल अश्वत्थामा से—
अब त्राण नहीं इस कलुषित दुर्यामा से
बहुतेरे गुह्य दृश्य देखे होंगे द्रोणायन
अब अन्धकूप से सुनो कि क्या होता है
यह अपरम्पार झूठ, हत्या पागलपन
है दुर्निवार
तो भी हम सबको धैर्य नहीं खोना है।

अन्धकूप-1

कल्पना नहीं अश्वत्थामा!
यह उपसंहार है।
यों हुआ कि यन्त्र-दैत्य
जबसे हावी हुआ
शैली बदल गई जीवन की
पहले आवाजें नेपथ्य से
फिर सारे दृश्य उतर आये परदे पर
कहा गया दौड़ो
आगे सोने की खदान है
न कहीं कोई सिद्ध पुरुष
न कहीं कोई क्रान्ति
सब कुछ चुपचाप
घटता चला गया
बँटता गया आकाश
नदियों की कमर तोड़
क़ैद कर लिया गया पानी को।

पहाड़ों को चूर-चूर कर नगर बसे
हरे भरे जंगल बदल गये दरवाजों में
मेज़, कुर्सी, ग्रन्थ, अखबारों में

बिना गर्भ के भी शिशु गढ़ने की
युक्ति प्रचलित हुई
सारे-के-सारे सम्बन्ध
छुई मुई!

समय और सन्देश
आ बँधे हाथ की कलाई पर
प्रचार की महिमा विज्ञापन की
मामूली की साख बढ़ गई
विशेष रूप से
भीड़ और बमचक हर तरफ़
छेद से लेकर पठार तक
सब कुछ बिकाऊ
घर बाहर रात दिन
सिर्फ़ वही एक सूत्र कानखाऊ
'बोल ख़रीदार क्या ख़रीदेगा?'

क्या क्या बर्बरता नहीं हुई
शाक, वनस्पतियों याकि सब इतर जीवों के साथ
इन सबकी समवेत पीड़ा का
कम ज़िक्र मिलता है विश्वकोश में
जबकि प्रकृति के
चक्रवर्ती साम्राज्य में
सबकी थी एक भूमिका
अब तो हर कोई भूमिका विहीन है।
अश्वत्थामा!
अस्ति और भवति की
अन्तहीन दौड़ में
स्थिर, स्थायी है नियम परिवर्तन का

रति–विरति
    वियोग योग
हर्ष शोक, केवल संचारी।
अश्वत्थामा!

    मैं अन्धकूप
अभी–अभी जनमा है मेरी कोख से
    ताज़ा अश्वत्थ जो
        दे रहा सांत्वना
शोक तुम्हें अब नहीं सालेगा।
    नमन करो नन्हें अश्वत्थ को
जैसे–जैसे अस्त होगा यह दृश्य जगत
तुम्हारा अभिशापित स्वत्व भी
        तिरोहित हो जाएगा

    फिर भी अभी देर है।

अन्धकूप-2

अभी हवा इतनी फटेहाल नहीं
न धरा इतनी कंगाल
बादल आ ही जाते हैं बजाने
जलतरंग
शेष बचे पक्षी
बुनते ही रहते हैं नीड़
मोर पपीहे
        अब भी गा ही लेते हैं
बावजूद क्लेश देहदाह के
होते ही रहते स्वयंवर
        मीठी किलकारियाँ
सुन पड़तीं यहाँ वहाँ
                रतजगा होता है
        तमाम व्यवधानों
के बावजूद
                बन्द कब किया
        फूलों ने खिलना
दृष्टि बदलने से, बदल जाता दृश्य
                तब समझना वह अध्यास है।

अश्वत्थामा-15

इक्कीसवीं सदी की शुरूआत पर
ध्रुवों ने शुरू कर दिया है पिघलना
आकाश भी अब निरापद नहीं रहा
पखेरू तो अब भी झूठ नहीं बोलते
हवा को ज़रूर श्वास रोग हो चला है
लगता है मुश्किल हो चुका भीड़ छँटना।

अब किसी के बस की बात नहीं
धरती को ऊसर होने से बचाने की
अपने अमरत्व से परेशान
मुझे याद आता है अपना वक़्त
पराशर ने जो कोहरा फैलाया था
सत्यवती के लिए वह कामलीला
स्वयं धुआँधार हो गई है धड़कन से
जिस तरह जयद्रथ मारा गया
या जिस तरह जन्म दिया
कुन्ती ने कर्ण को
या जिस तरह शिखण्डी को आगे कर
छलनी किया गया भीष्म के शरीर को
सब कुछ तो हो चुका था महाभारत में

और तब हारकर यही तो कहा था
वेदव्यास ने
अर्थ और काम के ग़ुलाम लोग
सुनते ही नहीं मेरी
ऋतचक्र के शाश्वत सिद्धान्त को
दोहराया बार-बार था वेदव्यास ने
जो नदियों को दूषित करता
पेड़ काटता
वह आत्महत्या करता है।

हक़ है नदी को वह
बहती रहे
हक़ है वनस्पति को कि
वह फैलती रहे
ऊँची उठान भरे वृक्ष
जो जितनी गहराई पाता
वह उतनी ऊँचाई चूम पाता।

कृष्ण बुद्ध शंकर कबीर
और कई और मस्तों की सिखावन के
बावजूद
कहीं कुछ बदला क्या?
आदमी अब भी ख़ूनख़ोर उतना ही
सत्ताधारी अभी भी धृतराष्ट्र है
बच्चे और नारियाँ अभी भी
शिकार दरिन्दगी के
ग़रीबी के होठों पर अब भी ताला है
सत्ताधीश आज भी काइयाँ
सब तरफ़ शत-प्रतिशत

काम की ग़ुलामी
सर्प उत्कोच का निगले जा रहा
सोच को।

बोध, प्रतिशोध, क्रोध
अब सब बेमानी
सिर्फ़ प्रार्थना भर
की जा सकती है
इस दुर्मद काल में।
कोई
अनाम पराचेतना आए
झकझोर कर
हमें जगा दे गहरी नींद से!

❑❑❑

णाणं
पयासयं
वीर नि.सं. 2470
ई.सन् 1944
भारतीय ज्ञानपीठ